Francisco Werlen da Silva Taveira
Jalil Castro Dray
Lena Andrea Lima Muniz

Logistique des matériaux :

AF144435

Francisco Werlen da Silva Taveira
Jalil Castro Dray
Lena Andrea Lima Muniz

Logistique des matériaux :

Une étude dans le port de Parintins - AM

ScienciaScripts

Imprint

Any brand names and product names mentioned in this book are subject to trademark, brand or patent protection and are trademarks or registered trademarks of their respective holders. The use of brand names, product names, common names, trade names, product descriptions etc. even without a particular marking in this work is in no way to be construed to mean that such names may be regarded as unrestricted in respect of trademark and brand protection legislation and could thus be used by anyone.

Cover image: www.ingimage.com

This book is a translation from the original published under ISBN 978-620-2-19301-6.

Publisher:
Sciencia Scripts
is a trademark of
Dodo Books Indian Ocean Ltd. and OmniScriptum S.R.L publishing group

120 High Road, East Finchley, London, N2 9ED, United Kingdom
Str. Armeneasca 28/1, office 1, Chisinau MD-2012, Republic of Moldova, Europe
Printed at: see last page
ISBN: 978-620-7-26896-2

INDICE

Résumé 2
INTRODUCTION 4
MÉTHODOLOGIE 7
Résultats et discussion 10
Exploitabilité du navire 10
Manutention interne des navires 15
Manutention à Porto 19
Le port de Parintins et ses fonctionnalités 23
CONSIDÉRATIONS FINALES 26
Références 28

Résumé

Le principal objectif du transport de marchandises aujourd'hui est de répondre aux besoins des clients en termes de temps, de coût, d'information et de qualité, et l'un des modes de transport qui constitue une référence dans le monde entier en termes de satisfaction des clients est le transport par voie d'eau. Le processus de la chaîne de distribution qui mérite beaucoup d'attention est le déplacement des marchandises transportées, car c'est l'étape de tout ce processus où nous ajoutons de la qualité au service fourni. Au Brésil, et plus particulièrement dans l'État d'Amazonas, le transport fluvial est plus fréquent en raison de la richesse et de l'étendue du potentiel fluvial de la région et de l'absence d'autres modes de transport. Dans ce contexte, la municipalité de Parintins est située à l'intérieur de l'État, puisqu'il s'agit d'une île et que la ville est limitée à deux modes de transport, le fluvial et l'aérien. Comme il s'agit du mode de transport le plus économique et le plus praticable dans la commune, les entreprises optent pour le transport fluvial afin d'obtenir et d'acheminer leurs marchandises. Les bateaux qui effectuent le trajet Parintins/Manaus/Parintins sont très compétitifs sur le marché, avec sept bateaux de la municipalité et vingt-et-un autres des municipalités voisines qui effectuent des liaisons à Parintins. Par conséquent, l'existence de différentiels stratégiques dans les entreprises qui gèrent ces bateaux est essentielle, non seulement en termes de prix, mais surtout en termes de qualité des services fournis, qui sont les conditions *sine qua non de* la survie des entreprises dans des environnements hautement compétitifs. Dans cette optique, cette recherche a pour but d'étudier et de mettre en évidence les processus et les méthodes utilisés pour le transport de matériaux par bateau dans le port de Parintins.

Les résultats de l'enquête permettent de conclure que les bateaux de la municipalité investissent dans la qualité et la rapidité du service, car même s'ils sont encore réalisés de manière anachronique, cela correspond à la demande de la municipalité pour cette activité.

Mots-clés : *Logistique du transport ; Manutention ; Port de Parintins.*

INTRODUCTION

La majorité du transport de marchandises dans la région amazonienne se fait par voie fluviale, à la fois parce qu'il n'y a pas d'autres modes de transport viables dans la région et en raison de son grand potentiel fluvial, étant donné l'existence du bassin amazonien, le plus grand bassin hydrographique en termes de longueur et de volume d'eau dans le monde, ce qui fait du transport fluvial la forme de transport la plus économiquement viable pour la région en question.

Le transport fluvial fait l'objet de nombreuses discussions non seulement dans la région en question, mais dans tout le Brésil. Le fait qu'il s'agisse du mode de transport le plus économiquement viable pour les marchandises signifie qu'il répond à tous les préceptes de Novaes (2004, p. 145) concernant la distribution physique : "l'objectif général de la distribution physique, en tant qu'objectif idéal, est d'acheminer les bons produits aux bons endroits, au bon moment, avec le niveau de service souhaité et au prix le plus bas possible".

Selon Soares (2012), le transport est de la plus haute importance pour réduire les coûts logistiques d'une entreprise, car ses éléments représentent entre 33,3 % et 66,6 % des coûts logistiques totaux, ce que confirme également Rosa (2007, p. 27), qui affirme que " les coûts logistiques sont un facteur clé de la stimulation du commerce ". On voit donc l'importance de l'équilibre des coûts logistiques pour réduire les dépenses organisationnelles

4

et atténuer les coûts d'exploitation de l'ensemble de la chaîne d'approvisionnement. Le mouvement des matériaux s'inscrit dans ce contexte de coûts de transport et de logistique, tout en étant un facteur de satisfaction pour le client final, comme le soulignent Silva et al. (2013, p. 3) " [...] le mouvement des matériaux devient une partie stratégique de l'activité de l'organisation, de sorte que cet effort peut être converti en un avantage concurrentiel, soit en termes de réduction des coûts, soit en termes d'augmentation de la satisfaction du client ".

Située à l'extrême est de l'État d'Amazonas, à la frontière avec l'État de Parà, la municipalité de Parintins possède un grand potentiel stratégique pour le transport de marchandises en raison de sa situation sur les rives du fleuve Amazone, l'une des principales voies navigables de la région amazonienne.

Parintins dispose d'un port fonctionnel, géré par l'Administration des voies navigables de l'Amazone occidentale (AHIMOC), une autorité fédérale liée au ministère des Transports, d'une superficie de 7,675 m et d'un espace physique approprié pour la réception et la distribution des marchandises.Le port a une superficie de 675 m^2 et un espace physique approprié pour la réception et la distribution des marchandises. Cependant, bien qu'il s'agisse du deuxième terminal fluvial de l'Amazonas, accueillant constamment des bateaux de tourisme et des navires régionaux, cette activité est partiellement réalisée dans le port (CAVALCANTE ; FONTINELLY ; ROCHA, 2012).

L'objectif de cette étude est d'étudier le processus de transport de matériaux à partir de navires dans le port de la municipalité de Parintins, afin de comprendre certains aspects de ce processus, tels que le conditionnement des marchandises sur ces navires, le chiffre d'affaires des entreprises qui exercent cette activité dans le port de Parintins, les difficultés rencontrées dans l'exécution de ce service et, enfin, d'essayer de comprendre la raison de l'exploitation partielle du port de Parintins.

MÉTHODOLOGIE

Afin de présenter le mouvement des matériaux par les navires dans le port de la municipalité de Parintins, la recherche est classée par Vergara (2000) comme descriptive, parce qu'elle expose les caractéristiques d'une population ou d'un phénomène (dans ce cas, le mouvement des matériaux), et a été basée sur la collecte de données primaires, - étant donné que les navires ne documentent pas leurs activités et qu'il existe peu d'études relatives au port de Parintins - par le biais de questionnaires appliqués aux navires participant à la recherche, avec des questions sur leurs opérations, leur manutention interne et le mouvement des matériaux dans le port. Le questionnaire est qualitatif et quantitatif, avec une analyse mesurée en chiffres et une analyse inductive par le chercheur pour interpréter la relation entre la réalité et l'objet de l'étude (DALFOVO ; LANA ; SILVEIRA, 2008).

Les questionnaires ont été administrés dans le port de Parintins, et les réponses ont été données par les propriétaires des bateaux, car ils contiennent des informations plus restreintes, par l'équipage responsable de l'exploitation du bateau et par les responsables du transport de marchandises, en raison de leur travail constant et de leur connaissance de l'activité. Cette application a commencé en mars 2015 et s'est terminée en avril de la même année, couvrant cinq des sept bateaux de la municipalité de Parintins qui transportent des passagers et des marchandises sur le tronçon Parintins/Manaus/Parintins.

Les données ont été collectées uniquement auprès des bateaux appartenant à la municipalité de Parintins, afin que le flux de matériaux soit plus visible. Parmi ces bateaux, seuls 70 % ont été interrogés, car les propriétaires et l'équipage étaient absents ou voyageaient avec le bateau lorsqu'ils n'étaient pas en service, ce qui demande beaucoup d'attention. Comme chaque bateau quitte la municipalité à des jours différents, il était nécessaire d'obtenir des données sur leur départ et leur arrivée au port, ce qui a été fait par le biais d'enquêtes informelles auprès d'agences de voyage, de sorte que tous les bateaux ont pu être approchés. Afin de protéger l'image et l'intégrité des bateaux, ceux-ci ont été étiquetés **A**, **B**, **C**, **D** et **E**.

Pour obtenir des informations sur le port de Parintins, ses caractéristiques et les activités qu'il mène en matière de manutention, un entretien non structuré a été réalisé avec l'administration portuaire, qui a été enregistré sur support audio et transcrit pour une meilleure analyse. Des informations complémentaires ont été obtenues au moyen d'un entretien, consigné dans des notes, avec l'autorité portuaire, à l'agence de la marine brésilienne située dans la ville même.

Les données collectées ont été utilisées pour construire une base de données en vue d'une mise en tableau ultérieure. Pour tabuler les données quantitatives, Microsoft Office Excel a été utilisé pour une analyse plus détaillée et la construction de graphiques et de tableaux. Les données qualitatives ont été analysées une à une et comparées à la réalité de la municipalité.

Résultats et discussion

Afin de présenter les objectifs de la recherche de manière claire, succincte et organisée, les résultats ont été divisés en quatre thèmes, chacun contenant une partie du processus de manutention des matériaux.

Exploitabilité du navire

Les bateaux utilisés pour le transport de marchandises et de passagers dans la commune de Parintins sont généralement caractérisés selon le tableau 1 ci-dessous :

Tableau 1 : Caractéristiques des navires

BATEAU	TAILLE DU BATEAU (MÈTRES)	CAPACITÉ DE CHARGE (TONNES)	CAPACITÉ EN PASSAGERS (UNITÉ)	NOMBRE DE MEMBRES D'ÉQUIPAGE
A	51	826	615	20
B	31	200	226	13
C	40	150	338	16
D	30	111	156	14
E	40	150	330	13
MOYENNE	38	287	333	15

Source : Résultats de la recherche sur le terrain

Les navires ont une longueur moyenne de 38 mètres de la proue à la poupe, une capacité de charge moyenne de 287 tonnes et une capacité moyenne de 333 passagers. Le navire **A** se distingue des autres par sa taille et sa capacité, mais la taille et la capacité des navires n'ont pas d'incidence sur la durée du voyage, étant donné qu'ils sont équipés de moteurs de même puissance, l'aller de Parintins à Manaus prenant plus de 20 heures et le retour de Manaus à Parintins entre 17 et 20 heures, des oscillations dues aux conditions géospatiales inhérentes à la région. Bien qu'ils empruntent le même itinéraire, le trajet aller dure plus longtemps parce qu'il remonte le fleuve Amazone, et le trajet retour dure moins longtemps parce qu'il descend le fleuve. Le tableau 1 indique également le nombre de membres d'équipage travaillant sur les bateaux, qui sont des professionnels certifiés titulaires d'une licence maritime, exigée par la marine brésilienne, et des auxiliaires.

Le chiffre d'affaires moyen d'un voyage varie fortement en fonction de l'itinéraire et de la saison. Tous les bateaux ont indiqué que pendant les périodes festives de la commune de Parintins, comme le carnaval, le festival folklorique, la fête de la sainte patronne Nossa Senhora do Carmo, et les grandes vacances, comme la semaine sainte, la semaine de la patrie, entre autres, le chiffre d'affaires est plus élevé et il y a une préférence pour le transport de passagers plutôt que de marchandises, Le chiffre d'affaires est plus élevé et il y a une préférence pour le transport de passagers plutôt que de marchandises, bien que 80% des bateaux considèrent que la plupart de leurs bénéfices proviennent du transport de marchandises, en raison de la situation de la municipalité de Parintins, puisque les modes disponibles sont uniquement le fluvial et l'aérien. Le bateau **B** considère que la plupart de ses bénéfices proviennent du transport de passagers parce qu'il estime que cette activité est plus rentable et moins problématique, étant donné qu'il a déjà vécu plusieurs situations désagréables dans le cadre du transport de marchandises.

Tableau 2 : Rotation des navires

BARC O	FACTURATION À L'UNITÉ (PASSAGERS)	FACTURATION DE RETOUR (PASSAGERS)	Facturation IDA (LOAD)	Chiffre d'affaires (CHARGE)
A	R$ 15.000,00	R$ 10.000,00	R$ 0,00	R$ 30.000,00
B	R$ 5.000,00	R$ 2.000,00	R$ 0,00	R$ 3.000,00
C	R$ 3.000,00	R$ 5.000,00	R$ 0,00	R$ 10.000,00
D	R$ 3.000,00	R$ 4.000,00	R$ 0,00	R$ 6.000,00
E	R$ 9.000,00	R$ 3.500,00	R$ 0,00	R$ 12.000,00
MOYEN	**R$ 7.000,00**	**R$ 4.900,00**	**R$ 0,00**	**R$ 12.200,00**

Source : Résultats de la recherche sur le terrain

Sur la base des périodes courantes (en dehors de la haute saison), le chiffre d'affaires moyen pour un voyage aller, comme le montre le tableau 2 (ci-dessus), est en moyenne de R$ 7 000,00 pour le transport de passagers à l'aller et de R$ 4 900,00 pour le retour, tandis que le chiffre d'affaires pour le transport de marchandises ne concerne que le retour, où la moyenne est de R$ 12 200,00. Tous les navires ont déclaré qu'ils ne faisaient pas de bénéfices en transportant des marchandises à l'aller, mais en observant le chargement des marchandises, ils ont expédié des petits colis, des meubles, des appareils électroménagers, entre autres. Lorsque les personnes interrogées ont été interrogées sur le transport de ces petites quantités de marchandises, elles ont répondu que cela se produisait sporadiquement et que c'était la raison pour laquelle elles ne l'avaient pas pris en compte dans le questionnaire.

Interrogés sur le fait que le transport de marchandises à l'aller ne leur rapporte qu'un bénéfice négligeable, la réponse est unanime : tous affirment que la commune de Parintins ne produit rien dont la capitale de l'État ait besoin. Il existe bien quelques petites industries, mais leurs produits ne sont distribués qu'à Parintins et dans quelques communes voisines, qui ne font pas partie de l'itinéraire des bateaux.

Tous les bateaux prétendent respecter le tarif stipulé par le tarif général de la marine marchande, qui est réajusté chaque année. Cependant, dans la municipalité de Parintins, 7 bateaux effectuent la liaison Parintins/Manaus/Parintins et 21 autres bateaux provenant de municipalités de l'État de Parà accostent dans le port de Parintins, Ces bateaux transportent également des passagers et des marchandises vers la capitale, ce qui provoque une concurrence entre les bateaux, car celui qui propose le prix le plus bas transporte un plus grand nombre de marchandises et peut voir son chiffre d'affaires augmenter.

En conséquence, les propriétaires de bateaux déclarent qu'ils se sentent obligés de réduire considérablement les prix des billets afin de s'assurer que leurs bateaux restent sur ce marché très concurrentiel.

Les bateaux **C**, **D** et **E exemptent** les enfants jusqu'à 3 ans, les mineurs jusqu'à 10 ans et les personnes âgées de 60 ans et plus de payer 50 % du tarif. Le bateau **B** exempte les enfants de moins d'un an de payer le tarif, les enfants de 1 à 5 ans paient une redevance de 20 Reals et les enfants de 6 à 13 ans et les personnes âgées de 60 ans et plus ne paient que 50 % du tarif. Le navire **A** exempte les enfants jusqu'à l'âge de 5 ans de payer le plein tarif, mais à partir de 6 ans, seules les personnes âgées de plus de 65 ans bénéficient d'une réduction de 50 % sur le tarif, à une condition près : pour bénéficier de la réduction, la personne âgée doit déclarer un revenu inférieur à un salaire minimum. Le navire **A** est le seul à offrir une réduction aux personnes handicapées, puisque si elles peuvent prouver leur handicap, elles ne paient que 50 % du prix du billet.

Les prix pratiqués pour les marchandises ne sont pas fixés dans un tableau, ce qui laisse aux navires la liberté de fixer leurs propres prix. On comprend donc pourquoi les plus gros profits des navires proviennent du transport de marchandises. Les navires **A**, **C**, **D** et **E** utilisent le nombre de volumes transportés et l'emballage requis pour les marchandises comme critères de fixation des taux de fret. Le navire **B, quant** à lui, ne prend en compte que la quantité de volumes transportés, car il n'investit pas dans son navire pour le transport de marchandises puisqu'il choisit le transport de passagers comme service principal.

Nous aborderons plus en détail la question de l'emballage des marchandises et d'autres questions relatives aux services internes des navires, en ce qui concerne le transport de marchandises, dans le prochain thème.

Manutention interne des navires

Le processus de transport des matériaux exige à la fois de l'agilité et une manipulation soigneuse. Rosa (2007) explique que l'emballage est la principale clé de la préservation des marchandises transportées, d'où la nécessité de conserver les produits dans des endroits appropriés afin d'éviter tout dommage ou perte pour ceux qui les transportent. Lorsque nous abordons la réalité des bateaux de la municipalité, nous examinons brièvement l'activité de transport de marchandises, où l'on constate que le contrat de ce transport provient des entreprises réceptrices, c'est-à-dire que les entreprises de la municipalité de Parintins achètent des produits fabriqués dans la capitale de l'État et sont responsables des coûts de transport des marchandises.

Tous les navires disposent au moins d'une zone pour l'emballage spécifique des marchandises, qui serait un secteur pour le transport de petits colis ou de colis jusqu'à trois volumes. Les navires **A** et **C** sont les seuls à disposer d'un réfrigérateur pour l'arrimage correct des marchandises qui requièrent une plus grande attention en raison de leur caractère périssable, avec le transport de yaourts, de viande, de charcuterie, entre autres. Le reste des marchandises non périssables est entreposé dans les cales et sur le premier pont des navires.

Les navires ont unanimement indiqué que les marchandises les plus transportées sont les denrées alimentaires non périssables, l'électroménager et l'électronique. Comme le navire **C** dispose d'un grand entrepôt frigorifique et transporte un grand nombre de charcuteries lors de ses voyages, et que le navire **A** transporte un grand nombre de véhicules, les navires ont cherché à souligner qu'ils transportent fréquemment ces marchandises, ce qui leur a permis d'être distingués des autres navires.

Rosa (2007) souligne que même si toutes les formes de perte, d'endommagement ou de violation des marchandises sont analysées et que des méthodes de lutte contre ces accidents sont mises en œuvre, telles qu'un emballage approprié et un contrôle des stocks, il doit toujours y avoir une réserve pour couvrir les coûts de ces dommages. Les bateaux **A** et **B** déclarent n'avoir aucune forme d'assurance ou de responsabilité pour les pertes, violations ou dommages aux marchandises transportées, tandis que les bateaux **C**, **D** et **E** ne sont responsables que de la perte des marchandises et les remplaceront en cas d'accident. Sur les bateaux **A**, **C** et **D,** ces réclamations sont sporadiques et sur les bateaux **B** et **E, elles sont plus rares,** selon les propriétaires.

Dans le processus de stockage des marchandises, tous les navires se sont montrés très prudents, car dans le secteur du fret, ce n'est pas seulement le transport des marchandises qui est pris en compte, mais aussi la qualité du service fourni. Dans un scénario où tous les navires fournissent le même service et ont des prix équivalents, la qualité du service fourni devient un facteur de différenciation dans le choix par le consommateur de la compagnie qui effectuera le transport. Pour mieux comprendre le facteur qualité, nous avons l'exemple présenté par Novaes (2004) où un chargement de yaourt est transporté d'une ville à l'autre par un chauffeur de camion et, afin de minimiser les coûts de carburant, le chauffeur du camion éteint le réfrigérateur. Lorsqu'il livre le colis, celui-ci étant scellé, le destinataire de la marchandise n'a aucun moyen de vérifier la bonne conservation du produit et le reçoit comme si de rien n'était. Quelques jours plus tard, après avoir acheté un yaourt de ce lot, un consommateur constate que le produit a une couleur et une odeur différentes, dues à la mauvaise conservation du produit. Le client demandera certainement le remboursement du montant dépensé pour le produit, voire, dans le cas de la consommation, une éventuelle réaction allergique ou un autre problème, ce qui pourrait donner lieu à un dédommagement.

Dans ce contexte, on peut considérer que les plus grands perdants seraient les entreprises destinataires, ou les entreprises de fabrication, à la fois en termes de dommages financiers et d'atteinte à la réputation (image), puisque le nom (marque) et l'endroit où il a été acquis seront toujours utilisés pour relater le fait, mais lorsque l'erreur est détectée, les entreprises ont tendance à négocier leurs services de fret avec un autre transporteur. En analysant l'exemple ci-dessus, on constate que même si le camionneur a transporté les marchandises et les a livrées à temps, il n'a finalement pas fourni la qualité de service attendue. Le chauffeur routier a fini par perdre à la fois la marchandise transportée et la continuité du service fourni, ce qui montre l'importance de la qualité en tant que facteur déterminant dans le choix du consommateur pour la fourniture du service.

Interrogées sur les difficultés qu'elles rencontrent dans le transport de marchandises, les personnes interrogées ont donné des réponses différentes. Le navire **A a** fermement indiqué que les réclamations (pertes, dommages et casses) étaient la plus grande difficulté qu'il rencontrait. Le fait qu'il ne soit pas responsable des pertes, dommages et casses crée un problème majeur pour le navire, mais ce dernier dit qu'il informe ses clients des conditions de l'engagement du service. Les navires **B** et **D ont souligné** que leur plus grande difficulté est le rendement financier. Outre le fait qu'il existe d'innombrables navires qui transportent des marchandises, les entreprises qui sous-traitent ce service imposent un prix inférieur à celui du marché et, en raison de la forte concurrence, les navires se sentent obligés d'accepter le prix fixé par les prestataires de services. Le navire **B** a également souligné que l'inflation était un fléau majeur dans le secteur du transport de marchandises, car les prix ont augmenté fréquemment, en particulier le prix du carburant, et pourtant les prix facturés pour le fret sont restés inchangés. Les navires **C** et **E** affirment qu'ils n'ont pas de difficultés à transporter des marchandises, car ils disposent d'espaces réservés à l'emballage et d'une grande capacité, et les coûts de ce service sont couverts par leur chiffre d'affaires.

Manutention à Porto

La principale responsabilité des bateaux est d'emballer et de transporter les marchandises. Le chargement et le déchargement sont effectués par les dockers, les employés des sociétés de distribution et les employés des sociétés de réception, ainsi que par l'équipage du bateau. Tous les processus sont effectués manuellement car les bateaux ne transportent pas de grandes quantités de marchandises, ce qui rend inutile l'utilisation de machines pour déplacer les matériaux dans le port de Parintins. Tous les bateaux interrogés fournissent à leurs membres d'équipage des uniformes et des équipements de protection individuelle (EPI) pour effectuer les tâches, mais il a été observé que même si ces équipements leur sont fournis, de nombreux employés ne les utilisent pas. Les propriétaires des bateaux affirment qu'un ou deux d'entre eux n'utilisent pas l'équipement de protection, mais les employés font l'objet d'avertissements verbaux et écrits en cas de non-respect de cette règle stipulée par la marine brésilienne.

Comme nous l'avons vu dans le premier thème, les bateaux de la municipalité de Parintins ne transportent des marchandises que sur le tronçon Manaus/Parintins. L'analyse du chargement des marchandises sur les bateaux se fera donc au port de Manaus Moderna, situé au centre de la capitale de l'État, à côté du port municipal. La figure 1 montre comment les marchandises sont chargées sur les bateaux.

Figura 1 **Organigramme de chargement du navire : Organigramme de chargement du navire**

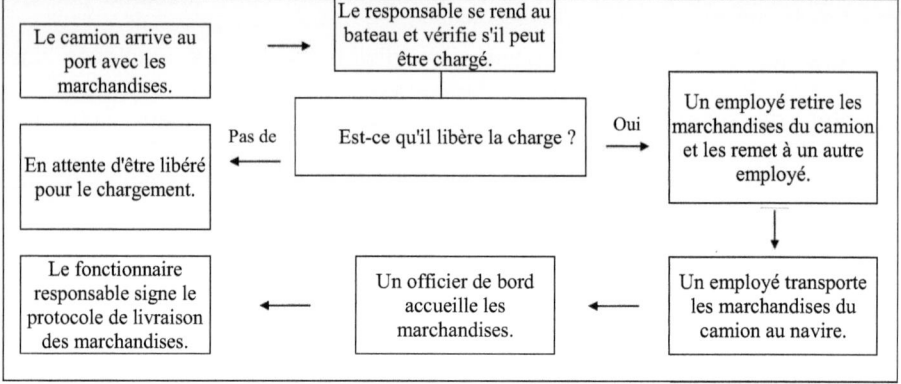

Source : Résultats de la recherche sur le terrain

Les entreprises de distribution (fournisseurs des marchandises) sont responsables du chargement des marchandises sur le navire. Lorsqu'elles arrivent avec les marchandises, qui sont généralement acheminées par camion, l'employé responsable se rend sur le navire pour confirmer que les marchandises ont été chargées. Lorsqu'elles ne sont pas dédouanées, en raison d'une surcharge, d'un manque de personnel ou d'un autre événement imprévu, les marchandises attendent d'être dédouanées afin de poursuivre le processus de chargement. Lorsque le chargement est libéré, les employés déchargent le camion en portant les boîtes, les sacs et autres paquets sur leurs épaules, leur tête ou leur dos, le tout à la main. Lorsqu'ils descendent du camion avec les marchandises, les employés descendent les escaliers et emmènent le radeau de fer jusqu'au navire, où l'équipage reçoit les marchandises, également à la main, et les range rapidement. L'ensemble du processus de chargement est surveillé depuis le départ du camion jusqu'à l'entrée dans le navire par l'employé responsable des marchandises, et le processus d'entrée et de séjour est supervisé par un employé du navire. À la fin du processus de chargement, l'employé responsable des marchandises et le responsable du navire signent la facture de la société de distribution et le protocole de contrôle interne du navire. Dès lors, le navire devient responsable de la marchandise, conformément aux politiques de transport de chaque compagnie.

Le processus de déchargement des marchandises a lieu au port de Parintins, ce qui peut être compris en analysant la figure 2 ci-dessous.

Figura 2 **Organigramme pour le déchargement des marchandises des navires**

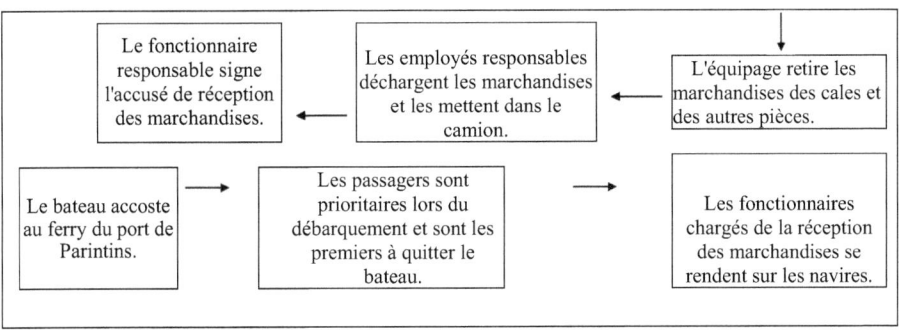

Source : Résultats de la recherche sur le terrain

Lorsque les bateaux accostent au bac du port de Parintins, ils donnent la priorité au débarquement des passagers et de leurs bagages, colis et marchandises. Une fois le débarquement des passagers terminé, le bateau autorise le déchargement des marchandises, dont les responsables doivent franchir un pont en fer reliant le port au ferry pour accéder au bateau. Le déchargement se fait manuellement : les membres de l'équipage sortent les marchandises de la cale, ou de l'espace réservé à cet effet, et les remettent aux responsables du déchargement, qui chargent manuellement les colis du bateau sur le camion. Une fois le déchargement terminé, la personne chargée de la réception des marchandises signe le protocole de contrôle du navire et la note de réception de l'entreprise de distribution, et l'employé se rend au camion et conduit les marchandises sur le pont ferroviaire jusqu'au destinataire final.

Le processus de chargement et de déchargement au port de Manaus Moderna et au port de Parintins s'effectue de manière agile mais manuelle, sans aucune mécanisation - contrairement à ce que l'on observe dans les grands ports du pays, comme le port de Santos, dans le nord du Brésil.

dans l'État de São Paulo. Les navires et les employés responsables du processus travaillent en équipe et garantissent la qualité du service, en manipulant les marchandises avec soin pour préserver l'intégrité des produits.

Le port de Parintins et ses fonctionnalités

Le port de Parintins est situé au centre de la municipalité et couvre une superficie de 7 675 m^2 . Il est administré depuis 2006 par l'AHIMOC - Administraçâo das Hidrovias da Amazônia Ocidental, une autorité fédérale liée au ministère des Transports. Les navires accostent sur un bac en fer de 150 mètres de long et 15 mètres de large, qui est relié aux structures physiques du port par un pont en fer de 65 mètres de long, avec un passage pour les véhicules et les piétons. L'agence de la marine brésilienne dans la municipalité, au vu de l'article 16, point II, de la loi n° 9.537 du 11 décembre 1997, a réglementé par le biais de l'ordonnance 159/CFAOC du 18 juillet 2014 que la somme de tous les navires et de leurs cargaisons amarrés sur ce ferry ne doit pas dépasser la limite maximale de 1.250 tonnes, soit la moitié de la capacité réelle supportée.

La responsabilité du port en ce qui concerne le mouvement des matériaux est de faciliter l'accès des passagers et des marchandises aux navires de manière sûre et organisée, en supervisant les processus d'entrée et de sortie des marchandises et des passagers. Le port supervise également l'équipage des navires, les manutentionnaires et les autres travailleurs portuaires. Si l'administration constate des irrégularités, telles que le non-port d'équipements de protection individuelle, elle peut sanctionner le travailleur en lui interdisant d'entrer dans le port pour y effectuer son travail. L'administration portuaire effectue cette inspection, mais il est courant de trouver plusieurs travailleurs sans uniforme ni équipement de sécurité, et la plupart du temps, l'avertissement est donné verbalement. Gildete Prado, superviseur opérationnel du port, explique que les machines et les installations du port ne sont pas nécessaires pour aider à la manutention des matériaux, car les navires eux-mêmes optent pour la manutention manuelle, en raison de son agilité et de son faible coût. Les employés du port ne participent pas au processus de chargement et de déchargement, mais l'administration dispose d'un tableau qui permet de suivre la quantité et le type de marchandises transportées par les navires.

En réponse à la question sur le manque d'équipements pour le processus de manutention, tels que des machines et des entrepôts, Gildete indique que lors de l'inauguration du port en 2006, il y avait un petit chariot élévateur à fourche pour ce processus, Cependant, les navires n'ont pas ressenti le besoin d'utiliser cet équipement, ni aucun autre, pour déplacer des matériaux et, en raison de son inutilité pour les navires dans le contexte du port de Parintins, le chariot élévateur a été renvoyé au ministère des transports pour être déplacé. Gildete explique que le port dispose d'un petit entrepôt de 35 m^2 qui est rarement utilisé. Dans le cas des navires qui doivent décharger des marchandises et poursuivre leur voyage, lorsque les responsables ne peuvent pas décharger les marchandises, les navires déplacent la cargaison vers ce petit entrepôt, Lorsque les entreprises destinataires sont disposées à recevoir les marchandises, elles paient un droit de location pour l'entrepôt et signent les notes des entreprises de distribution et les protocoles internes du port. Cependant, Gildete souligne la rareté de ces situations, en raison de la complexité et de la bureaucratie du processus.

CONSIDÉRATIONS FINALES

Dans le domaine de la manutention, l'accent est mis sur la qualité du service fourni, à la fois pour obtenir un rendement financier en minimisant les pertes potentielles liées au remplacement des marchandises et pour créer une atmosphère propice à la fidélisation de la clientèle en raison de la qualité du service fourni.

Malgré l'utilisation de méthodes traditionnelles et anachroniques pour déplacer les matériaux, on constate que tous les agents impliqués dans le processus de manutention apprécient la qualité de leur service, qu'il s'agisse des dockers, des capitaines de port, des opérateurs portuaires ou des autres agents.

Nous avons vu que, quelles que soient les précautions prises, ces éventualités peuvent se produire parce qu'ils n'utilisent pas les techniques de contrôle et de sécurité les plus appropriées et les plus efficaces en matière de stockage et de transport.

La manutention elle-même n'est pas effectuée manuellement dans les ports en raison du manque d'équipements ou de machines, mais plutôt parce que les navires de la municipalité de Parintins ont opté pour cette méthode qu'ils considèrent comme la plus agile et la plus appropriée à la réalité vécue ici. De même, les organismes publics n'investissent pas dans le port de Parintins en raison de l'absence de demande de services liés au transport de marchandises dans la commune, car celle-ci ne compte que de petites industries qui n'offrent pas de produits à l'échelle des besoins de la capitale de l'État. Équiper le port de machines, d'entrepôts et d'autres appareils pour faciliter le processus de transport des matériaux serait coûteux pour les caisses publiques et impliquerait des dépenses inutiles qui n'auraient qu'un faible rendement sur cette réalité, et il convient également de souligner que les navires ne sont conçus que pour effectuer des services manuellement en raison de leurs structures physiques.

Par conséquent, on peut constater que même dans un scénario de forte concurrence et d'offre de services sur le marché, les bateaux de la municipalité investissent dans la qualité et l'agilité de leurs services, car même s'ils les réalisent d'une manière plus traditionnelle et archaïque, cela correspond à la demande de la municipalité pour cette activité.

Références

ANDRADE, E. A. T. et al. ANALYSIS OF CARGO MOVEMENT IN A PORT OPERATION : A CASE STUDY. Rio de Janeiro, 2013.

ARAÙJO, F. H. C. B. BRAZILIAN PORT SYSTEM : EVOLUTION AND CHALLENGES. Florianópolis, 2013.

BRÉSIL - Loi n° 9.537 du 11 décembre 1997.

BURSZTYN, M. ; DRUMMOND, J. A. ; NASCIMENTO, E. P. COMMENT ÉCRIRE (ET PUBLIER) UN TRAVAIL SCIENTIFIQUE : CONSEILS POUR LES JEUNES CHERCHEURS. Rio de Janeiro, 2010.

CAVALCANTE, R. M. F. ; FONTINELLY, Y. ; ROCHA, A. N. T. UMA RECONSTRUÇÂO DA HISTÓRIA DE PARINTINS ATRAVÉS DE RELATOS DE MORADORES ANTIGOS E DA LINGUAGEM FOTOGRÂFICA. Palmas, 2012.

DALFOVO, M. S. ; LANA, R. A. ; SILVEIRA, A. MÉTODOS QUALITATIVOS E QUANTITATIVOS : UM RESGATE TEÓRICO. Blumenau, 2008.

IBGE - Institut brésilien de géographie et de statistique

FERREIRA, K. A ; RIBEIRO, P. C. C. LOGÌSTICA E TRANSPORTES : UMA DISCUTÃO SOBRE OS MODAIS DE TRANSPORTE E O PANORAMA BRASILEIRO. Curitiba, 2002.

NOVAES, A. G. LOGISTICS AND DISTRIBUTION CHAIN MANAGEMENT : STRATEGY, OPERATION AND EVALUATION. 2e édition, révisée et mise à jour. Rio de Janeiro : Campus, 2004.

PALM, P. R. THE OPENING OF THE AMAZON RIVER TO INTERNATIONAL NAVIGATION AND THE BRAZILIAN PARLIAMENT. Brasilia, 2009.

ROSA, A. C. TRANSPORT MANAGEMENT IN PHYSICAL DISTRIBUTION LOGISTICS : UNE ANALYSE DE LA MINIMISATION DES COÛTS OPÉRATIONNELS. Taubaté, 2007.

SILVA, D. N. et al. THE MOVEMENT OF MATERIALS IN THE PORT OF MODERN MANAUS. Florianópolis, 2013.

SOARE, M. D. TRANSPORT MANAGEMENT. Coimbra, 2012.

VERGARA, S. C. PROJETS DE RECHERCHE ET RAPPORTS DANS L'ADMINISTRATION. 11 éd. Sâo Paulo : Atlas, 2009.

Lena Andrea Lima Muniz :

http://lattes.cnpq.br/9848606212073884.

Doctorant dans le programme de troisième cycle en économie (PPGE/UFPA), **Master** en développement régional de l'Amazonie (UFAM), spécialiste en gestion des personnes, des marchés et des technologies (IFAM). **Diplômé** en économie (CIESA).

Diplômée en économie (CIESA) et en sciences sociales (UFAM). Elle est économiste de projet pour Banco da Amazônia, Suframa, Banco do Brasil et SEPLACT. Elle est **consultante** économique chez L. A. MUNIZ Consultoria e Projetos. Elle a enseigné en tant que **professeur** suppléant à l'université fédérale d'Amazonas (UFAM) et professeur adjoint à l'université d'État d'Amazonas (UEA). Elle a de l'expérience dans le domaine de l'économie, en particulier de l'économie régionale et environnementale, et travaille principalement sur les sujets suivants : revenu, inclusion sociale, impacts socio-économiques, analyse économique et évaluation environnementale.

Parcours académique

2016

Doctorat en cours en POS PROGRAMME DE DIPLÔMATION

EN ÉCONOMIE.

Université fédérale de Para, UFPA, Brésil.

Titre : Évaluation environnementale des ressources halieutiques dans le complexe Macuricanâ/Am,

Superviseur : Marcelo Bentes Diniz.

Bénéficiaire de la subvention : Coordenaçâo de Aperfeiçoamento de Pessoal de

Enseignement supérieur, CAPES, Brésil.

2010 - 2012

Maîtrise en développement régional (CAPES Concept 3).

Université fédérale d'Amazonas, UFAM, Brésil.

Titre : SUBVENTIONS POUR UNE ETUDE D'EVALUATION ENVIRONNEMENTALE

DU LAC FRANCAIS DANS LA MUNICIPALITÉ DE PARINTINS/AM,Année d'obtention : 2012.

Superviseur : SYLVIO MARIO PUGA FERREIRA.

Co-superviseur : ADEMIR CASTRO E SILVA.

Bénéficiaire de la subvention : Conseil national pour le développement scientifique et technologique

Technologie, CNPq, Brésil.

Mots-clés : Développement économique ; Environnement ;

LAGOON FRANÇAIS.

Domaine général : Sciences sociales appliquées

Grand domaine : Sciences sociales appliquées / Domaine : Economie.

Grand domaine : Sciences sociales appliquées / Domaine : Economie / Sous-domaine : Economie de l'environnement.

Secteurs industriels : Recherche et développement scientifiques.

2006 - 2007

Spécialisation en gestion des personnes, des marchés et des technologies (heures : 400h).

Institut fédéral d'éducation technologique de l'Amazonas, FUNCEFET-AM, Brésil.

Titre : Gestion des personnes : leadership et comportement organisationnel dans les institutions modernes.

Superviseur : Marcia Bacovis.

2008

Diplôme permanent en sciences sociales.

Université fédérale d'Amazonas, UFAM, Brésil.

1996 - 2007

Diplôme d'économie.

Centre universitaire d'enseignement supérieur de l'Amazonas, CIESA, Brésil.

Titre : Secteur de la production : une étude de cas avec l'entreprise virtuelle Sucesso.

Superviseur : Rosana Zau Mafra.

1992 - 1994

Cours technique/professionnel en administration des affaires.

École publique Senador Joâo Bosco, EESJB, Brésil.

Projets de recherche

2010 - 2012

SUBVENTIONS POUR UNE ÉTUDE D'ÉVALUATION ENVIRONNEMENTALE

LAGOA DA FRANCESA DANS LA MUNICIPALITÉ DE PARINTINS/AM

Description : subventionner des politiques publiques et des études qui valorisent les ressources naturelles de la Lagoa da Francesa à Parintins/Am.

Situation : En cours ; Nature : Recherche.

Membres : Lena Andrea Lima Muniz - Coordinatrice.

2010 - 2011

LA MODÉLISATION DES CHOIX EN TANT QUE SUBVENTION POUR LA GESTION DU BASSIN

HYDROGRAPHIQUE DE TARUMA-AÇU

Situation : En cours ; Nature : Recherche.

membres : Lena Andrea Lima Muniz - Coordinatrice.

2009 à ce jour

La chaîne touristique communautaire en tant que stratégie pour

développement local

Prix et titres

2014

GENTE QUE ACoNTECE - Économiste exceptionnel de l'année dans la

municipalité de Parintins/AM, promoteur Frank Freitas.

Jalil Castro Dray : http://lattes.cnpq.br/9802867241096383.

Licence en économie de l'université de l'État d'Amazonas (UEA).

Il est spécialisé dans le marketing numérique, les affaires et la stratégie à l'Université catholique pontificale de Minas Gerais - PUC Minas.

Il est titulaire d'un diplôme en sciences économiques de l'Université d'État d'Amazonas (2015). Il a de l'expérience dans les domaines de la finance/banque, de la vente, du marché de détail et de l'audit.

Qualifications académiques : 2017

Spécialisation continue en marketing numérique : affaires et stratégies (heures : 360h).

Université catholique pontificale de Minas Gerais, PUC Minas, Brésil.

2017

Spécialisation continue en gestion stratégique et économique des entreprises (heures : 360h).

Centre universitaire d'enseignement supérieur de l'Amazonas, CIESA, Brésil.

2010 - 2015

Licence en sciences économiques.

Université de l'État d'Amazonas, UEA, Brésil.

Titre : Mouvement de matériaux par bateau dans la municipalité de Parintins/AM.

Superviseur : Lena Andréa Lima Muniz.

2008 - 2010

Enseignement secondaire.

Collège Nossa Senhora do Carmo, CNSC, Brésil.

Francisco Werlen da Silva Taveira :
http://lattes.cnpq.br/2191141176634615

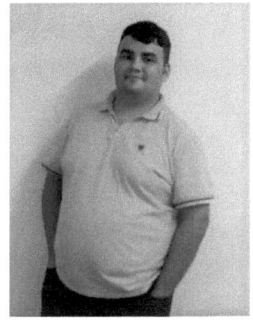

Licence en administration de l'Université fédérale d'Amazonas - UFAM. (Organisateur). Il travaille dans les domaines de la gestion des ressources humaines, de l'administration publique et de la psychologie. Il rédige actuellement des articles scientifiques pour des revues nationales et internationales indexées.

Diplômé en administration des affaires de l'Université fédérale d'Amazonas - UFAM (2017). Il a été directeur de projet chez Parintins Jr - Consultoria Empresarial,

junior management company. Il a coordonné la 6e semaine académique du cours. Il a été représentant des étudiants au cours d'administration, a présidé l'assemblée constitutive de la première entreprise UFAM Jr à Parintins - AM, a développé plusieurs projets d'extension dans lesquels il a occupé des postes de direction, a participé à des projets de recherche financés par la Fondation d'appui à la recherche de l'État d'Amazonas (FAPEAM) et a été membre de divers comités au sein de la même université. Il a suivi divers cours de formation auprès d'institutions, de fondations et de foires nationales et internationales renommées et prestigieuses, telles que la Foire internationale de l'Amazonie (VII et VIII ? FIAM), BM&FBovespa, Fundaçâo Estudar, USP, UFAM, SEBRAE, SENAI, SENAC, CETAM, CIEE, Contrôleur général de l'Union (CGU), Chambre des commerçants de l'Amazonas (CDL-AM), entre autres.

Parcours académique :

2012 - 2016

Diplôme en administration des affaires.

Université fédérale d'Amazonas, UFAM, Brésil.

Titre : Bolsa Familia : aspects et contributions à la qualité de vie. Superviseur : Pedro Marinho Amoêdo.

Formation continue : 2014 - 2014

Inspection des comptes publics (Heures : 4 heures). Université fédérale d'Amazonas, UFAM, Brésil.

2014 - 2014

Gestion de carrière (Heures : 3 heures).

Nùcleo Brasileiro de Estàgios LTDA, NUBE, Brésil.

2013 - 2013

Hygiène de base (heures : 3 heures).

Université fédérale d'Amazonas, UFAM, Brésil.

2011 - 2011

ADMINISTRATION FINANCIÈRE (Heures : 15h).

Service d'appui aux micro et petites entreprises de l'Amazonas, SEBRAE/AM, Brésil.

2011 - 2011

Mathématiques financières I. (Heures : 20h).

Centre d'intégration entreprise-école, CIEE, Brésil.

2011 - 2011

Mathématiques financières II (Heures : 20h).

Centre d'intégration entreprise-école, CIEE, Brésil.

2010 - 2010

CONTRÔLE FINANCIER (Heures : 15h).

Service d'appui aux micro et petites entreprises de l'Amazonas, SEBRAE/AM, Brésil.

2010 - 2010

COMPTABILITÉ DE BASE. (Heures : 240h).

Centre d'éducation technologique de l'Amazonas, CETAM, Brésil.

2009 - 2009

TECHNIQUES DE VENTE. (Charge de travail : 30h).

Service national d'apprentissage commercial - AM, SENAC/AM, Brésil.

2009 - 2009

APPRENDRE À ENTREPRENDRE (Heures : 20h).

Service d'appui aux micro et petites entreprises de l'Amazonas, SEBRAE/AM, Brésil.

2008 - 2008

MÉTHODOLOGIE DE RECHERCHE. (Charge de travail : 40h).

Centre d'éducation technologique de l'Amazonas, CETAM, Brésil.

2008 - 2008

GESTION AGRICOLE (Heures : 80h).

Centre d'éducation technologique de l'Amazonas, CETAM, Brésil.

2007 - 2007

Informatique de base (heures : 92 heures).

Centre d'éducation technologique de l'Amazonas, CETAM, Brésil.

Projets de recherche : 2015 - 2016

Bureaucratie x efficacité au travail : une analyse basée sur les théories de la motivation à l'Université Fédérale d'Amazonas Campus Parintins **2015 - 2016**

Bolsa Familia : aspects et contributions à la qualité de vie

Projets d'extension :

2016 - 2016

Réveiller l'esprit d'entreprise communautaire

2016 - 2016

Conseil en organisation universitaire

2016 - 2016

Test professionnel : construire un chemin vers l'univers académique **2016 - 2016**

Pratiques administratives appliquées dans le commerce de Parintin : promotion des techniques de vente

2016 - 2016

L'employabilité commence à l'école : des jeunes prêts pour l'avenir **2016 - 2016**

Conseil académique en entreprise : actions de formation à l'esprit d'entreprise

2016 - 2016

Gérer les 4 P : promouvoir la pratique du marketing pour les artisans **2015 - 2015**

Parcours d'apprentissage

2014 - 2014

Gestion communautaire pour un tourisme durable

2013 - 2013

Agent de changement : une alternative pour le développement communautaire qui commence par moi